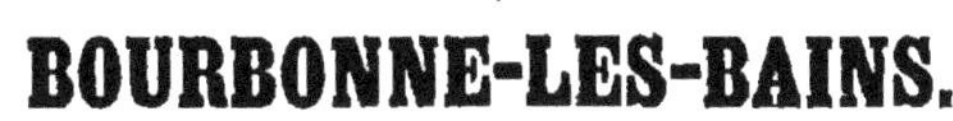

BOURBONNE-LES-BAINS.

LETTRE

D'UN BAIGNEUR.

CHAUMONT,

IMPRIMERIE ET LIBRAIRIE DE NUMA MIOT.

1850.

BOURBONNE-LES-BAINS.

LETTRE D'UN BAIGNEUR.

1850

...... *10 juin 1850.*

MON CHER AMI,

Vous ne savez encore, me dites-vous, quel sera, cette année, le but de votre excursion annuelle, à quelle source plus ou moins salée, ferrugineuse ou soufrée, vous irez retremper une santé peu délabrée, sans doute, mais qui, comme toutes celles des habitants des grandes villes, éprouve particulièrement à cette époque quelque besoin d'air et de locomotion.

Dans ce temps, d'ailleurs, où l'esprit est trop enclin aux idées noires, il ne faut pas vivre toujours enfermé dans les mêmes lieux, ni resserré dans le même cercle d'amis, avec lesquels on a eu tout le temps de gémir ; il faut chercher dans d'autres fréquentations un aliment nouveau pour notre esprit, comme un nouvel air pour nos poumons.

Où irez-vous? Là est seulement la question. En fait d'eaux minérales et thermales, vous avez visité, je le sais, les pays les mieux famés de la France et de l'Europe. Plombières, Vichy, Néris, le Mont-d'Or, les Pyrénées, et, à l'étranger, Spa, Aix, Baden, tous ces grands rendez-vous du monde malade ou touriste vous sont familiers. Je m'étonnais seulement que vous n'eussiez pas encore payé votre tribut à la riante vallée d'Ems ; mais quelle bonne fortune ce fut pour vous d'y aller, dans la saison dernière, faire votre cour à Henri V! Ce que vous ne savez pas, c'est qu'au moment où j'appris cette nouvelle, j'allais précisément vous écrire pour vous engager à venir me rejoindre à Bourbonne. Que dis-je? Ma lettre passablement longue était déjà à peu près terminée ; mais comme j'ai eu l'excellente idée de la tenir en réserve pour un moment plus opportun, cette fois, mon cher, vous n'y échapperez pas. Vous l'aurez même revue et augmentée ; et d'abord, tenez-vous de suite pour averti de la conclusion; écoutez : Je serai à Bourbonne au plus tard sur la fin de ce mois, et je compte bien vous y voir dans la première quinzaine de juillet.

N'allez donc pas me répéter d'abord que vous n'avez, grâce à Dieu, ni bras, ni jambe cassés à réparer, comme si les eaux de Bourbonne n'avaient pas d'autre propriété. Vous avez bien, je pense, quelque rhumatisme ; qui n'en a pas? Le rhumatisme est la maladie des personnes qui se portent bien. Or, je vous jure que, si vague et si insaisissable que puisse être le vôtre, il ne résistera pas à l'action combinée du bromure alcalin, du chlorure de sodium et de calcium, du carbonate et du sulfate de chaux, tous éléments plus ou moins hétérogènes que MM. les chimistes assurent avoir découverts dans les eaux de Bourbonne. N'auriez-vous pas aussi à vous plaindre quelque peu de votre estomac? Ne serait-il pas au moins paresseux? Dans ce cas, ne doutez pas que, grâce à la fomentation à la fois émolliente et stimulante causée par l'ingurgitation quotidienne de quelques verres de cette eau merveilleuse, cet intéressant organe n'ait bientôt repris toute sa force et son activité première.

Mais vous me ferez plutôt, je pense, une autre objection: vous direz que la ville est triste; que, du moins, elle n'offre pas aux étrangers les agréments et les distractions de tout genre qu'on doit ailleurs, soit aux libéralités du gouvernement, soit à l'ingénieuse sollicitude des administrations locales. Vieux préjugé! mon cher ami, préventions injustes que vingt années au moins d'améliorations et d'embellissements de tout genre auraient dû enfin dissiper. Sans doute, le gouvernement, propriétaire de l'établissement, l'avait long-temps négligé; ce n'était pas certainement qu'il ne connût toute l'importance de ses eaux; mais, vous le savez, en fait de progrès, les gouvernements se font attendre, surtout quand les réformes se compliquent de questions de finances. Enfin, et en attendant mieux, tout est aujourd'hui bien changé, le bâtiment de beaucoup agrandi et le service notablement amélioré. Quant à la ville, l'étranger qui ne l'a pas visitée depuis une vingtaine d'années a vraiment peine à la reconnaître, tant l'aspect en est changé. C'est ce que vous comprendrez mieux, si je vous dis que, pendant une bonne partie de ce temps, Bourbonne a eu pour maire un homme d'esprit et de goût, aux larges vues, tourmenté d'ailleurs passablement du démon de l'alignement et de la viabilité, lequel au surplus n'est autre que le médecin-inspecteur actuel de l'établissement, M. Renard. Défiez-vous donc de tous les détracteurs de Bourbonne que vous pourrez rencontrer encore : les uns, esprits chagrins ou jaloux ; les autres, insipides échos de déclamations au moins *anachroniques*. Je vous ferai voir, à leur confusion, ses rues nouvellement percées, ses anciennes redressées ; je vous ferai compter les étages de ses maisons modernes et admirer les riantes façades de celles qu'un élégant crépi est venu rajeunir.

Vous le dirai-je cependant ? Vous n'y serez pas émerveillé au même point de la propreté des rues, et vous pourrez regretter parfois que le macadam ou le pavé n'y présente pas au pied souvent mal assuré du baigneur une surface plus ferme et plus unie. Vous remarquerez enfin que plus les rues s'éloignent du quartier des bains, plus elles semblent reprendre les habitudes du village ; ainsi, vous ne manquerez pas d'y rencontrer, ici un charriot, là un tas de bois, plus loin (sous votre respect), un fumier, et tout cela, il faut en convenir, n'est pas plus réjouissant à la vue que commode pour la circulation. Je vous dirai même qu'avec cette liberté que m'a paru comporter ma qualité d'ancien habitué, j'en ai, dans l'occasion, touché quelques mots aux autorités locales; mais voici ce qu'elles m'ont répondu, tout en reconnaissant d'ailleurs ce que mes observations avaient de parfaitement judicieux : « Que voulez-vous, m'a-t-on dit? Bourbonne est une ville agricole et vous n'obtiendrez jamais que ses cultivateurs, bonnes gens, plus soucieux de l'utile que du beau, rompent avec les traditions de leurs pères et leurs propres habitudes. Nous faisons à cet égard tout ce que nous pouvons; ne nous demandez rien de plus. »

Mais après tout, ai-je pensé aussi plus d'une fois, est-il donc si nécessaire qu'un pays où l'on va précisément pour se distraire du séjour monotone des villes, vous présente de toutes parts des maisons si bien alignées et des rues d'une propreté et d'un ordre si parfaits? Ou plutôt n'est-ce pas un bien de trouver à Bourbonne ce pêle-mêle de la ville et de la campagne qui ne ressemble à rien de ce que nous connaissons? On ne voit plus guère aujourd'hui dans nos beaux jardins de ces droites et larges allées qui faisaient l'admiration de nos bons ayeux; on leur préfère les détours capricieux du sentier fuyant sous l'ombrage, les rencontres fortuites, les accidents, les surprises enfin. Or, pourquoi n'en serait-il pas de même au moins des petites villes? Parcourez des rues bien régulières, bien propres; il est certain que vous admirez tout d'abord, mais repassez y plusieurs fois et vous finissez par les trouver un peu bien monotones. La promenade d'hier y sera celle d'aujourd'hui, de demain, toujours la même. A Bourbonne, au contraire, avec toutes les rencontres que vous ne manquerez pas de faire sur votre chemin, le moyen que votre promenade ne soit pas plus ou moins accidentée? Comme moi, vous aimerez mieux, j'en suis sûr, ces rues où vous verrez se mouvoir et circuler gaiement une population de travailleurs (de vrais), vignerons, faucheurs ou moissonneurs, selon la saison, où vous rencontrerez tantôt une voiture de foin répandant au loin son agréable parfum, tantôt un énorme charriot criant sous le poids des gerbes dorées.

Mais je vous signalerai un autre divertissement encore plus rare dans une ville. Celui-ci est même d'un ordre tellement rustique que je n'oserais, je crois, vous le recommander sur la seule autorité de mes propres impressions, s'il n'eût pas été goûté ailleurs par de plus hauts personnages.

Voici, en effet, ce que je lisais il y a quelques semaines et, je l'avoue, avec une sorte de ravissement, dans les mémoires de M. de Châteaubriand :

« Tous les jours, il y a spectacle à Waldmünchen, et » j'y assistais à la première place. A six heures du matin, » un vieux berger, grand et maigre, parcourt le village à » différentes stations ; il sonne d'une trompe droite, longue » de six pieds, qu'on prendrait de loin pour un porte-voix » ou une houlette. Il en tire d'abord trois sons métalliques » assez harmonieux, puis il fait entendre l'air précipité » d'une espèce de galop ou de ranz des vaches, imitant » des mugissements de bœufs et des rires de pourceaux. » La fanfare finit par une note soutenue et montante en » fausset.

» Soudain débouchent de toutes les portes des vaches, » des génisses, des veaux, des taureaux ; ils envahissent » en beuglant la place du village ; ils montent ou descen- » dent de toutes les rues circonvoisines, et, s'étant formés » en colonne, ils prennent le chemin accoutumé pour aller » paître. Suit en caracolant l'escadron des porcs qui res- » semblent à des sangliers et qui grognent. Les moutons » et les agneaux placés à la queue font en bêlant la troisiè- » me partie du concert ; les oies composent la réserve ; en » un quart d'heure, tout a disparu.

» Le soir, à sept heures, on entend de nouveau la trom- » pe ; c'est la rentrée des troupeaux. L'ordre de la troupe » est changé : les porcs font l'avant-garde, toujours avec » la même musique ; quelques-uns, détachés en éclaireurs, » courent au hasard ou s'arrêtent à tous les coins. Les » moutons défilent ; les vaches, avec leurs fils, leurs filles » et leurs maris, ferment la marche ; les oies dandinent sur » les flancs. Tous ces animaux regagnent leurs toits, aucun » ne se trompe de porte ; mais il y a des cosaques qui vont » à la maraude, des étourdis qui jouent et ne veulent pas » rentrer, de jeunes taureaux qui s'obstinent à rester avec » une compagne qui n'est pas de leur crèche. Alors vien- » nent les femmes et les enfants avec leurs petites gaules ; » ils obligent les traînards à rejoindre le corps et les ré- » fractaires à se soumettre à la règle. Je me réjouissais de » ce spectacle, comme jadis Henri IV à Chauny s'amusait » du vacher nommé Tout-le-Monde, qui rassemblait ses » troupeaux au son de la trompette. »

Maintenant vous dirai-je que vous trouverez à Bourbonne quelque chose d'aussi bien, d'aussi complet dans le genre? Une telle assertion serait au moins téméraire. D'abord je me garderai de vous présenter le berger de Bourbonne comme étant de la même force sur la trompe que celui de Waldmünchen; soit faute d'études, soit imperfection de son instrument, d'ailleurs moins long de moitié, le berger de Bourbonne n'a, je crois, à sa disposition, que deux ou trois notes, mais sortant bien et assez retentissantes pour que vous les entendiez parfaitement de votre lit ou de votre baignoire, car le départ du troupeau est trop matinal pour que les baigneurs puissent en être témoins. Ce n'est pas non plus sur la place des Bains ou sur celle de l'Hôtel-de-Ville, que vous pourrez jouir de cet intéressant spectacle; mais si, après votre dîner, vous dirigez votre promenade vers les extrémités de la ville, je n'ose dire précisément les faubourgs, là vous pourrez voir veaux, vaches et moutons s'ébattre comme à Waldmünchen et, arrivés à leur logis, ne pas plus se tromper de porte. Voilà certes des jouissances qu'à l'exemple d'un grand monarque et d'un grand poète, vous ne rougirez pas d'apprécier, jouissances neuves pour la plupart d'entre nous et à coup sûr non moins innocentes.

Mais sortons maintenant de la ville, et je vous demanderai si vous connaissez beaucoup de campagnes plus belles et plus fécondes que celle qui l'entoure. Voyez-moi ces coteaux couverts de vignes, dont l'aspect vous saisit d'abord, et plus loin ces monts verdoyants, cette ceinture de forêts qui embrasse l'horizon; mais admirez aussi plus près de vous cette plaine, ces vallées; quelle variété, quelle richesse de culture ! Ce qu'il faut voir enfin à l'époque des récoltes, c'est l'animation de toute cette campagne, c'est l'ardeur du travail auquel ne suffit plus la population ouvrière de Bourbonne. Alors accourent des villages voisins des bandes de faucheurs et de moissonneurs ; et, mieux encore, les soldats de l'hôpital les plus valides, heureux de tout ce qui leur rappelle les habitudes, les travaux de leurs jeunes années, les champs qu'ils ont quittés. *(Dulcia linquimus arva!)* Les voyez-vous se mêler avec joie à la troupe des jeunes faneuses ? Rare et curieux spectacle que celui d'une prairie ainsi émaillée, à défaut de la renoncule et du coquelicot, tombés sous la faulx, de corsets de nanquin et de pantalons garance ! Que dites-vous de ce dernier trait ? Il me semble ne pas mal terminer le tableau, et c'en est assez, je pense, pour vous faire entrevoir tous les plaisirs champêtres que vous promet le séjour de Bourbonne.

Si nous revenons maintenant à la ville, nous y trouverons d'abord de charmantes promenades. J'en connais vraiment peu d'aussi belles que celle dite de *Montmorency;* on ne trouvait à lui reprocher qu'une extrême fraîcheur attribuée non à quelque cause d'humidité, mais à une trop grande épaisseur d'ombre. Charmant reproche !... Quoiqu'il en soit, ce prétexte de critique a même disparu pour faire place à une admiration sans réserve : quelques coupures faites dans ces derniers temps, certaines éclaircies habilement ménagées, ont laissé plus d'accès à l'irradiation de la chaleur et de la lumière ; elles ont eu aussi pour effet de mettre mieux à jour et de révéler dans son ensemble comme dans ses détails la savante ordonnance d'un plan que Lenôtre n'eût pas désavoué.

Mais la promenade favorite des baigneurs est encore le jardin même de l'établissement ; considérablement reculé et agrandi le long de la côte qui le domine au Sud, il offre aux moins valides les allées horizontales de sa partie basse et aux autres plus ingambes l'exercice d'une ascension salutaire à travers des pentes modérées. Arrivé au sommet, un magnifique panorama se déroule à vos yeux émerveillés: devant vous, la ville surmontée de son hardi et élégant clocher; à droite, de verdoyants et lointains coteaux ; à gauche, l'un des versants du joli vallon de Montlétang, et plus haut, la grande route ornée de ses ormes séculaires.

Redescendu des hauteurs du jardin, si vous retournez maintenant la tête, vous êtes frappé d'un tout autre spectacle. Vous vous rappelez ces décorations d'opéra où l'on aperçoit dans le lointain des personnages qui descendent sur la scène par des allées obliques, mais que vous voyez par moments disparaître derrière les arbres et les massifs de verdure qu'ils traversent. Eh bien ! tel est le coup d'œil que vous présente alors le jardin des bains avec ses étages de promeneurs, et particulièrement les jours de fête, où aux groupes des baigneuses viennent se joindre les dames de la ville, rivalisant avec elles de toilette et de bon goût.

Mais voici le moment de la retraite ; la fraîcheur de l'air en a donné le premier signal, et peu à peu le grand salon se remplit. D'un côté, les tables de whist s'organisent, et de l'autre les causeries se continuent jusqu'au moment où une dame paraît au piano. Alors commence le concert où vient se produire tout ce que la saison compte de talents d'exécution et de chant ; la mère y jouit des succès de sa fille, le mari du triomphe de sa femme ; après quoi quelque amateur peut encore venir moduler une romance plaintive ou débiter joyeusement la chansonnette en vogue. Mais ce n'est pas tout : la ritournelle du quadrille a retenti ; la danse commence et s'anime et se prolonge plus ou moins dans la nuit; ceci, bien entendu, en sus des prescriptions du cahier des charges, ou, en termes moins barbares, sans préjudice des grands bals officiels que doit donner à certains intervalles le fermier du salon.

Ce n'est pas là, je pense, une triste saison ; seulement on se demande s'il en sera de même cette année; mais pourquoi pas? Encouragé par l'état prospère de sa caisse, le régisseur de l'établissement a provoqué des réparations devenues urgentes et d'importantes améliorations. Ainsi, j'apprends qu'on achève en ce moment la restauration à neuf du grand salon, ainsi que des salles de lecture et de billard. De son côté aussi, dit-on, la ville s'est piquée d'honneur et orne de son mieux la place des Bains, où va s'élever une fontaine d'eau froide, comme pendant au petit temple d'eau chaude. Nous verrons cela. Mais ce qui manque surtout et manquera peut-être long-temps encore à la décoration de cette place, c'est la nouvelle façade que réclame le bâtiment civil; à la différence, en effet, de tant de monuments, et j'ajouterai de tant d'autres choses qui brillent surtout par l'extérieur, l'établissement thermal de Bourbonne ne s'annonce au dehors que par une façade mesquine surmontée d'un grand toit à lucarnes, le tout en désaccord flagrant avec les autres parties du bâtiment reconstruites dans un genre tout moderne et on ne peut mieux assorti à la destination de l'édifice. Or, que faudrait-il maintenant pour compléter cet ensemble et mettre le tout en harmonie? Deux cent mille francs au plus, m'a-t-on dit; soit, mais quand la république voudra-t-elle les octroyer, elle qui a tant d'autres places pour les mettre? Concevez-vous ceci? Erigée par le gouvernement de juillet en chef-lieu d'arrondissement électoral, la ville de Bourbonne a nommé pendant tout le temps du règne plusieurs députés, parmi lesquels l'honorable médecin-inspecteur dont je vous ai parlé; or, concevez-vous que de tous ces représentants du ci-devant petit chef-lieu, pas un, sous ce régime d'infernale corruption que vous savez, ne se soit trouvé assez corrompu pour obtenir les deux cent mille francs en question? C'est véritablement jouer de malheur.... Pardon de la digression.

Je vous disais donc qu'il n'y avait pas de raison pour que la saison qui commence ne fût au moins aussi brillante et aussi gaie que celle de l'année dernière. L'horizon politique semble même depuis quelque temps s'être un peu éclairci. Que si toutefois bon nombre d'esprits sont encore assaillis de sinistres pressentiments, je répondrais que c'est précisément le cas d'aller y chercher ailleurs une heureuse diversion, et puisqu'aujourd'hui, en France, quelque part qu'on puisse s'amuser, on ne danse plus que sur un volcan, mieux vaut encore celui de Bourbonne, qui ne s'est révélé jusqu'ici que par l'éruption d'eaux salutaires qu'il veut bien nous chauffer. Vous ne sauriez croire aussi combien, en quittant cette population d'ouvriers nomades des grandes villes toujours si redoutés, on se retrouve avec bonheur parmi ces paisibles cultivateurs, ces excellents vignerons, tous amis de l'ordre, comme du sol qui les a vus naître et des champs que leur ont légués leurs pères ou qu'ils doivent à leur honnête travail, peu républicains encore, il est vrai, mais susceptibles de le devenir davantage du jour où ils verront se relever les cours avilis de leurs blés et de leurs vins, renaître enfin le crédit et l'argent circuler. Quant aux habitants du quartier des bains, avec lesquels les étrangers ont naturellement plus de rapports, vous les trouverez bons, serviables et on ne peut plus hospitaliers, au moins tant qu'ils auront une chambre à vous donner.

Ceci me conduit à vous dire un mot des hôtels, dont plusieurs sont vraiment assez confortables : bonne chère et pas chère, excellents légumes, veau ferme et savoureux, gigots renommés. Je vous recommanderai aussi les melons de Fresnes et les fraises de Serqueux, le tout arrosé de *Pouillotte* et de *Montillot*, si vous en trouvez de vieux et d'une bonne année. Il faut vous dire que c'est ainsi qu'on nomme les deux meilleurs crûs dont s'honore le territoire du pays. Vous pourrez même entendre d'excellents Bourbonnais, sans doute propriétaires dans ces fameux cantons, vous affirmer qu'ils préfèrent leurs vins à ceux de Bourgogne qu'ils trouvent, disent-ils, trop capiteux. Ceci, affaire de goût, et, quant à moi, je tiens trop à rester leur ami pour les contrarier sur ce point ; entre nous, cependant, j'avouerai que, même après le Pouillotte et le Montillot, j'en reviens encore avec plaisir au Pomard et au Volnay.

Mais un produit vraiment unique, et d'ailleurs bien connu au loin par de nombreuses exportations, c'est le massepain de Bourbonne. Mangez-le seul ou rompez-le dans un verre de pétillant Aï, voire même de Soyers *, et vous me direz si vous connaissez quelque chose de comparable à cette pâte dorée mollement cassante et légèrement malléable. Je n'en dirai pas davantage : pour aborder dignement un tel sujet, il ne faudrait rien moins que le goût exquis de notre grand physiologiste Brillat-Savarin et les délicatesses épicuriennes de sa plume.

Que vous dirais-je encore qui pourrait vous intéresser ? Sans doute, j'aurais amplement matière à prolonger cette causerie, déjà, il me semble, passablement longue ; mais il faut bien vous laisser aussi quelque surprise, quelques impressions inattendues que la présente n'ait pas d'avance émoussées.

Un mot seulement de Bourbonne, au point de vue historique, car je suppose qu'en votre qualité de touriste, vous n'êtes pas sans vous piquer un peu d'archéologie. Eh bien ! vous trouverez ici des antiquités assez remarquables. Toutes les fois que, pour divers travaux, on a eu occasion de creuser le sol à quelque profondeur, on y a rencontré, soit des restes de constructions romaines, soit une foule de médailles remontant la plupart aux empereurs romains, soit même des vases de terre ou de métal, remarquables

* Petit village des environs de Bourbonne, connu par ses vins blancs mousseux.

non moins par l'élégance de la forme que par la pureté du dessin.

Mais ce qui est pour Bourbonne d'un intérêt plus spécial, ce sont des inscriptions attestant, dès ces temps lointains, la renommée de ses eaux. Ainsi, l'une d'elles, découverte déjà depuis longues années, contient l'*ex-voto* d'un père (Caius Jatinius), adressé à *Borvoni* et à *Damonæ*, pour la santé de Cocilla, sa fille, inscription qui, pour le dire en passant, a fait surgir une foule de controverses et, par suite, de versions différentes. Qu'était-ce, en effet, que ces noms de *Borvoni* et *Damonæ?* Grande question ! Sans doute, il apparaissait bien aux commentateurs que ces noms devaient désigner quelque dieu ou déesse présidant à la source merveilleuse; mais, par malheur, une lettre essentielle, le *B*, manquait à *Borvoni*, et à *Damonæ* les deux premières, *Da*. Jugez alors de toutes les conjectures plus ou moins hasardées auxquelles a pu se livrer la foule des savants, remplaçant chacun à leur idée les lettres effacées. Heureusement la découverte, en 1833, d'une autre inscription du même genre, vint remettre à leur place les lettres perdues et les commentateurs plus ou moins compromis.

Il fut donc bien démontré que le nom de Borvo n'était autre que celui d'Apollon, adoré comme dieu protecteur des eaux thermales, en compagnie toutefois de la déesse Damone. C'est ce que prouve encore mieux le rapprochement fait de ces inscriptions avec d'autres trouvées à Bourbon-Lancy et à Bourbon-l'Archambault, autres pays d'eaux thermales, dans lesquelles se rencontrent également les noms de Borvo et de Damone. Je vous engagerai au surplus à lire l'intéressante dissertation publiée à ce sujet par M. Berger de Xivrey, membre de l'Institut, qui n'a pas dédaigné de s'occuper en même temps de ce que l'histoire de Bourbonne peut offrir de curieux à d'autres égards. Ainsi les souvenirs qui se rattachent à l'ancien château et aux seigneurs qui l'ont occupé, ne vous paraîtront pas sans intérêt. Ce château, qui était situé sur le point culminant de Bourbonne, est remplacé aujourd'hui par une belle maison moderne. Partout, depuis le jardin et surtout du haut des terrasses qui l'entourent, la vue s'étend sur la ville et au loin sur les environs ; franchement, si ce n'est plus précisément un domaine, c'est du moins une fort belle propriété dont, pour mon compte, je m'arrangerais fort.

Voudrez-vous enfin faire une étude particulière des eaux et de leurs propriétés? Les traités ne vous manqueront pas; il en est même bon nombre de nos docteurs contemporains avec qui vous pourrez en causer. Chose rare! Tous ces auteurs n'avaient, pour être intéressants, qu'à être vrais ; les faits, que dis-je? les miracles parlaient pour eux. Je vous dirai même qu'il n'est pas de baigneur qui ne pourrait aussi publier une foule d'*observations*, comme disent ces messieurs. Ainsi, moi qui vous parle, combien n'ai-je pas vu de boiteux, de paralytiques, déjà bien redressés et ravivés dès la première saison et, à la seconde, jetant là leurs béquilles; combien d'enfants arrivés scrofuleux et culs-de-jatte qui, un mois ou six semaines après, allaient jouer à la fossette? Mais moi! vous vous rappelez mon état vraiment déplorable au moment où mon docteur eut l'heureuse idée de m'envoyer à Bourbonne, et vous savez aussi que si j'y reviens encore à de certains intervalles, c'est bien moins par besoin réel que par habitude et par reconnaissance.

A propos! Je ne veux pas terminer mon épître sans vous parler encore d'une chose essentielle, car il est bon de détruire aussi sur ce point une prévention qui, pour le passé, je l'avoue, avait bien quelque fondement. Ainsi, un malade disait : « On me conseille les eaux de Bourbonne et j'irais bien ; mais comment? Par quelles voies? J'entends dire qu'il n'en est point de praticables, surtout pour de pauvres infirmes qui peuvent à peine se tenir en voiture. » Voici, de fait, comment, à une époque pas bien éloignée encore et qui, pour mon compte, est gravée dans mes plus douloureux souvenirs, on faisait le voyage de Bourbonne : Vous preniez à Paris, je suppose, une diligence passable et vous alliez ainsi jusqu'à Troyes ; mais arrivé là, on vous priait de descendre, vous et vos bagages, et il vous fallait emménager dans une autre beaucoup plus étroite et plus dure, d'où vous sortiez, en arrivant à Chaumont, déjà passablement asphyxié, engourdi et moulu. Mais ce n'est pas tout ; pour les douze ou treize lieues qui vous restaient à faire, une autre voiture vous attendait, et quelle voiture! Comment la nommer? Disons un de ces véhicules bâtards, tenant à la fois de la carriole et du coucou, à carreaux toujours cassés, à coussins de cuir et d'étoupes mêlées peut-être de quelques noyaux de pêche, dont le tablier, toujours trop bas et raccorni par les intempéries, avait le double inconvénient de peser sur vos genoux endoloris et d'user jusqu'à la peau de la rotule vos pantalons de voyage les mieux éprouvés; dont le devant, vous disait-on, pouvait se fermer en cas de pluie, mais comment? Au moyen de rideaux de cuir que vos efforts, joints à ceux du conducteur assis devant vous, ne pouvaient parvenir à déployer, tant ils étaient durcis et recoquillés par le temps aidé de quelques couches de graisse passée à l'état de cambouis; une de ces voitures enfin, ou plutôt de ces carcasses, dont l'espèce, devenant chaque jour plus rare, par ce temps de progrès, tend visiblement à disparaître.

J'ai dit, je crois, que cette voiture vous attendait; mais, pour être plus vrai, il eût fallu dire qu'au contraire elle ne vous attendait pas, car le plus souvent, à votre arrivée à Chaumont, vous appreniez, pour comble d'infortune, qu'elle venait de partir. Vous ne l'aviez manquée, vous disait-on, que d'un quart d'heure au plus, de cinq minutes quelquefois; mais enfin elle était partie....... sous le prétexte que, portant les dépêches, elle n'avait pu attendre plus long-temps. Or, à cette fatale nouvelle, vous aviez naturellement un violent accès de mauvaise humeur, mais qui allait se calmant peu à peu, grâce à cette réflexion qu'après une nuit de repos, vous arriveriez plus frais à Bourbonne. Vaine illusion! Cette dernière étape, renouvelant et aggravant votre martyre, vous rendait nécessaires encore bien d'autres nuits et de journées réparatrices. Aussi ne pouvait-on compter la première saison; elle suffisait à peine pour vous remettre dans l'état où vous étiez avant d'entreprendre ce terrible voyage. Enfin, votre bonne saison prise, vous en aviez bientôt perdu les fruits, en repassant fatalement par la même route et par les mêmes voitures.

Mais, grâces au ciel, nous n'en sommes plus à ces temps de barbarie. Sans vous parler des progrès intermédiaires accomplis depuis cette époque, non-seulement sur cette route, mais sur toutes celles qui conduisent à Bourbonne, j'ai hâte de vous dire ce que d'ailleurs vous avez pu voir comme moi à la quatrième page des grands journaux ; que, depuis le commencement de cette saison, l'administration des messageries générales tient tous les jours à votre disposition une de ses meilleures voitures qui, passant par le chemin de fer de Tonnerre à Dijon, vous amènera à votre destination en vingt heures ; toujours la même, entendez-vous, de sorte que vous n'avez plus à craindre, comme moi lors de mes premiers voyages, de tomber, à chaque changement, de Charybde en Scylla. En vérité, lorsque j'y pense aujourd'hui, je ne saurais trop admirer le courage et la persévérance dont je fis preuve dans ces temps difficiles. Jugez par là de ma foi dans la déesse Damone et dans la vertu de ses eaux ; mais aussi ma foi m'a sauvé.

A bientôt, mille amitiés.

Chaumont, Imp. de Miot.

www.ingramcontent.com/pod-product-compliance
Ingram Content Group UK Ltd.
Pitfield, Milton Keynes, MK11 3LW, UK
UKHW020229200726
13856UKWH00004B/1681

9 782013 073158